Los Latinos SI Pueden….

Positive Quotes Latinos

Latinos Positivos ante el Cambio

Nery Román

ISBN-13:
978-1727252583

ISBN-10:
1727252586

Love yourself and don't be
afraid to express who you
are ...
Be a proud latino!

Amate a ti mismo, y no
tengas miedo de expresar
quién eres…
Orgullo Latino.

Your positive action joint
with positive thinking causes
success…Together Latinos

Tus acciones positivas juntas
con tus pensamientos
positivos llegan al
éxito…Juntos Latinos

Live life to the maximum
and concentrate on the
positive…Latin Power

Vive la vida a lo máximo y
concéntrate en lo positivo…
El poder Latino

Stay positive and
happy...Latinos

Quédate positive y serás
Feliz…Latinos

Each day, I come in with a
positive attitude, trying to
get better… Latinos

Cada día empieza con una actitud positiva y con ganas de mejorar… Latinos

"Comienza a vivir, contando cada día separado, como una vida independiente."

Rompe la rutina y obtendrás
lo que quieres en la vida.
Latinos

La única manera de evitar el
fracaso es no dejar de
intentar cualquier cosa.

No tengas miedo a fallar…
así es cómo lo logras.

Además, es sólo realmente
un fracaso si dejas de tratar.

No seamos celoso o celosas.
Los celos son una emoción
destructiva… Latinos

Personas que no son felices
se llenan de un vacío
emocional a través de las
emociones negativas. Sea
positivo… Latino

Se trata de creer en ti Latino,
cuando nadie mas lo hace…
Viva la libertad de
expresión. Latino

Da el primer paso, el miedo
no te seguirá… Latino

Supera el miedo al fracaso
visualizando el peor de los
caso. Latino

Cuando somos pensamos en el miedo, negatividades, preocupación, duda, crítica, juicio, ira, frustración, ansiedad, negatividad y otros, no estamos enfocados en lo que queremos.

"¿Cómo vives la vida al
máximo?"

¿Qué has hecho hoy para
vivir la vida al máximo
Latino?

Utiliza tus fracasos para aprender de ellos y se mas FUERTE, Latino…

SER CREATIVO, SIN TENER MIEDO A LO QUE DIGAN LOS DEMAS

Cuando estamos enfocados en lo que no queremos, todo lo que vemos, nuestras ideas y decisiones se basan en lo que no queremos. Latino

Cuando sabemos lo que queremos, le damos nosotros mismos la capacidad de imaginar nuevas posibilidades y generar ideas sobre cómo ser y qué hacer o decir en cada momento

para que sea una realidad.
Latino…

Efecto poderoso, sobrevivir y
prosperar… Latino

Cuando nos enfrentamos a la realidad de pérdida del empleo, inmigración, podemos pensar sobre lo que es importante "nuestras familias," latino…

Cuando todos los miembros
de su familia están felices,
esto contribuye a su éxito
individual y a su familia
Latino…

La inversión que hacemos ahora regresa a nosotros con el doble de bendiciones.

Tenemos una gran tarea
porque somos Latinos…

Mejórate a ti y podrás
alcanzar grandeza y
prosperar. Latino…

Mantenga un diario de gratitud…Latino.

Cuenta tus bendiciones Latino….

Se Feliz

Nery Román